BEI GRIN MACHT SICH IHR WISSEN BEZAHLT

Herausforderungen der nachhaltigen Entwicklung. Kernherausforderungen der Ökonomie am Praxisbeispiel

GRIN ☺

Bibliografische Information der Deutschen Nationalbibliothek:

Die Deutsche Nationalbibliothek verzeichnet diese Publikation in der Deutschen Nationalbibliografie; detaillierte bibliografische Daten sind im Internet über http://dnb.d-nb.de abrufbar.

ISBN: 9783389038017
Dieses Buch ist auch als E-Book erhältlich.

Druck und Bindung: Books on Demand GmbH, Norderstedt Germany
Gedruckt auf säurefreiem Papier aus verantwortungsvollen Quellen

Das vorliegende Werk wurde sorgfältig erarbeitet. Dennoch übernehmen Autoren und Verlag für die Richtigkeit von Angaben, Hinweisen, Links und Ratschlägen sowie eventuelle Druckfehler keine Haftung.

Das Buch bei GRIN: https://www.grin.com/document/1474303

Einsendeaufgabe

Prüfung im Modul Nachhaltig Wirtschaften (Grundlagen) BNWGRU

Aufgabennummer:

Alternative B

Modul:

Nachhaltig Wirtschaften (Grundlagen) BNWGRU

Studiengang:

Betriebswirtschaft B.A.

Inhaltsverzeichnis

Abbildungsverzeichnis

Aufgabe 1: Herausforderungen der nachhaltigen Entwicklung

Die nachhaltige Entwicklung steht vor zahlreichen Herausforderungen, die sich in den Bereichen Umwelt (Ökologie), Soziales und Wirtschaft (Ökonomie) manifestieren.

Die Folgende Abbildung zeigt die 17 wesentlichen Ziele der nachhaltigen Entwicklung, welche von der Agenda 2030 stammen. Diese wurden von der Weltgemeinschaft beschlossen und gelten als verbindliches Leitbild für Regierungen weltweit, Zivilgesellschaft, Wissenschaft sowie Privatwirtschaft.

Abbildung 1: Die 17 globalen Ziele für nachhaltige Entwicklung der Agenda 2030.
(Quelle: Deutsche Bundesregierung, 2024)

Umweltprobleme wie der Klimawandel, die Verschmutzung von Luft und Wasser sowie der Verlust von Biodiversität bedrohen das ökologische Gleichgewicht und die Lebensgrundlagen zukünftiger Generationen. Soziale Herausforderungen umfassen die Ungleichheit in Bildung, Gesundheit und Einkommen, die soziale Ausgrenzung und den Mangel an Zugang zu grundlegenden Dienstleistungen für große Teile der Bevölkerung. Darüber hinaus stehen wirtschaftliche Herausforderungen im Vordergrund, wie beispielsweise die Notwendigkeit, ein nachhaltiges Wirtschaftswachstum zu fördern, Arbeitsplätze zu schaffen und die Armut zu bekämpfen, ohne die natürlichen Ressourcen übermäßig zu belasten. Diese vielschichtigen Herausforderungen erfordern ganzheitliche Ansätze und eine enge Zusammenarbeit auf lokaler, nationaler und internationaler Ebene, um eine langfristige und ausgewogene Entwicklung zu gewährleisten. Folgend werden die 3 Dimensionen der nachhaltigen Entwicklung mit ihren einzelnen Herausforderungen erläutert.

1.1. Ökologische Herausforderungen

Im Handlungsfeld Umwelt stehen verschiedene Herausforderungen im Zusammenhang mit der nachhaltigen Entwicklung im Fokus (BmBF, 2020):

Klimawandel: Die steigenden Temperaturen, veränderte Niederschlagsmuster und häufigeren Extremwetterereignisse bedrohen Ökosysteme, Landwirtschaft und menschliche Siedlungen. Daher ist eine starke Begrenzung der Treibhausgasemissionen notwendig. Deshalb hat sich die Staatengemeinschaft im Pariser Klimaabkommen verpflichtet, weltweit Maßnahmen zum Klimaschutz zu ergreifen (Bundesregierung, 2024).
Luftverschmutzung: Die Emissionen von Schadstoffen durch Industrie, Verkehr und Landwirtschaft beeinträchtigen die Luftqualität und haben negative Auswirkungen auf die Gesundheit von Mensch und Natur.
Schutz des Lebens an Land und im Wasser: Die Einleitung von Schadstoffen und Abfällen in Gewässer führt zur Verschmutzung von Flüssen, Seen und Ozeanen, was die Wasserversorgung gefährdet und die aquatische Lebensvielfalt bedroht. Die massive Verwendung von Einwegplastik führt zu einer Verschmutzung von Meeren, Böden und Luft, was langfristige ökologische Schäden verursacht und die Gesundheit von Mensch und Tier gefährdet.
Verlust der Biodiversität: Die Zerstörung von Lebensräumen, die Übernutzung natürlicher Ressourcen und der Einfluss invasiver Arten führen zu einem rapiden Rückgang der Artenvielfalt auf globaler Ebene.
Landdegradation: Die Degradierung von Böden durch Erosion, Versalzung, Verschmutzung und übermäßige Landnutzung ist ein weiteres ernstes ökologisches Problem. Diese beeinträchtigt die Fruchtbarkeit des Bodens, die Produktivität der Landwirtschaft und die Fähigkeit der Ökosysteme, wichtige Ökosystemdienstleistungen zu erbringen. Die schlechtere Produktivität der Böden kann langfristig die Ernährungssicherheit gefährden.

1.2. Soziale Herausforderungen

Im Handlungsfeld Soziales stehen weltweit verschiedene Herausforderungen im Zusammenhang mit der nachhaltigen Entwicklung im Fokus (Bundesregierung, 2023):

Starke Ungleichheit: Soziale Ungleichheiten in Bezug auf Einkommen, Bildung, Gesundheitsversorgung und Geschlecht bestehen innerhalb und zwischen Ländern, was die Chancengleichheit und den sozialen Zusammenhalt beeinträchtigt.

Armut: Trotz Fortschritten leben immer noch Millionen Menschen in extremer Armut, was ihre Fähigkeit beeinträchtigt, ein menschenwürdiges Leben zu führen und ihre grundlegenden Bedürfnisse zu erfüllen.

Gesundheitsversorgung: Der Zugang zu qualitativ hochwertiger Gesundheitsversorgung ist für viele Menschen unzureichend, insbesondere in ländlichen Gebieten und in Entwicklungsländern, was die Bekämpfung von Krankheiten und die Förderung des Wohlbefindens erschwert.

Bildung: Ein Mangel an Zugang zu Bildung und qualitativ hochwertiger Bildung beeinträchtigt die Fähigkeiten und Möglichkeiten vieler Menschen, sich persönlich zu entwickeln, ihre Lebensumstände zu verbessern und zum gesellschaftlichen Fortschritt beizutragen.

Wachsende Weltbevölkerung: Die Herausforderung des schnellen Bevölkerungswachstums im Rahmen der nachhaltigen Entwicklung besteht darin, dass die steigende Anzahl von Menschen den Druck auf Ressourcen wie Nahrung, Wasser, Energie und Wohnraum erhöht. Bis 2050 wird erwartet, dass die Weltbevölkerung 10 Milliarden Menschen erreichen wird, was zusätzliche Belastungen für die Umwelt, die soziale Infrastruktur und die Wirtschaft mit sich bringt (United Nations Population Fund, 2022).

Migration: Die Herausforderung der zunehmenden Migration im Kontext der nachhaltigen Entwicklung liegt darin, dass die weltweite Anzahl der Migranten in den letzten 30 Jahren fast verdoppelt hat (Statista, 2024). Dies führt zu sozialen, wirtschaftlichen und ökologischen Herausforderungen, wie der Integration von Migranten, dem Schutz ihrer Rechte, der Bereitstellung von Ressourcen und Dienstleistungen sowie der Bewältigung von Umweltbelastungen und sozialen Spannungen in Aufnahmegemeinschaften.

1.3. Ökonomische Herausforderungen

Im Handlungsfeld Wirtschaft stehen verschiedene Herausforderungen im Zusammenhang mit der nachhaltigen Entwicklung im Fokus (Bundesregierung, 2023):

Nachhaltiges Wirtschaftswachstum: Die Herausforderung besteht darin, ein Wirtschaftswachstum zu fördern, das langfristig ökologisch tragfähig ist und gleichzeitig soziale Gerechtigkeit und wirtschaftliche Inklusion fördert, ohne die Ressourcen übermäßig zu beanspruchen.

Ressourcenverbrauch und -effizienz: Die nachhaltige Nutzung von natürlichen Ressourcen erfordert eine verbesserte Ressourceneffizienz und den Übergang zu einer Kreislaufwirtschaft, um den Verbrauch von Rohstoffen zu minimieren und Abfall zu reduzieren.

Klimaneutralität und Emissionsreduktion: Die Reduzierung von Treibhausgasemissionen und der Übergang zu einer kohlenstoffarmen Wirtschaft sind entscheidend, um den

Klimawandel einzudämmen und die globale Erwärmung auf unter 2 Grad Celsius zu begrenzen.

Förderung nachhaltiger Konsum- und Produktionsmuster: Die Förderung nachhaltiger Konsum- und Produktionsmuster erfordert eine Umgestaltung von Produktions- und Konsumgewohnheiten, um umweltverträglichere und sozial gerechtere Alternativen zu fördern.

Arbeitsplatzsicherheit und Beschäftigung: Die Schaffung von qualitativ hochwertigen Arbeitsplätzen und die Sicherung von existierenden Arbeitsplätzen in einer sich wandelnden Wirtschaft sind entscheidend, um soziale Stabilität und Wohlstand zu gewährleisten.

Förderung von Innovation und Technologie: Die Förderung von Innovation und technologischem Fortschritt ist entscheidend, um nachhaltige Lösungen für wirtschaftliche und ökologische Herausforderungen zu entwickeln und umzusetzen. Auch kann durch die Einführung solcher Technologien in Unternehmen eine enorme Effizienzsteigerung erzielt werden, wodurch die Umwelt geschont wird.

Aufgabe 2: Die Kernherausforderungen der Ökonomie

Im Handlungsfeld Wirtschaft stehen vielfältige Herausforderungen im Zusammenhang mit der nachhaltigen Entwicklung im Vordergrund. Diese umfassen die Förderung eines nachhaltigen Wirtschaftswachstums, die effiziente Nutzung natürlicher Ressourcen, den Übergang zu einer kohlenstoffarmen Wirtschaft, die Förderung nachhaltiger Konsum- und Produktionsmuster, die Sicherung von Arbeitsplätzen und Beschäftigung sowie die Förderung von Innovation und Technologie (Bundesregierung, 2023). Die Bewältigung dieser Herausforderungen erfordert eine ganzheitliche und transformative Herangehensweise, die auf einer engen Zusammenarbeit zwischen Regierungen, Unternehmen und der Zivilgesellschaft basiert.

2.1. Nachhaltiges Wirtschaftswachstum

Die Herausforderung eines nachhaltigen Wirtschaftswachstums ist von zentraler Bedeutung für die langfristige Entwicklung und Wohlstandssicherung einer Gesellschaft. Wirtschaftliches Wachstum gilt traditionell als Motor für die Schaffung von Arbeitsplätzen, die Steigerung des Lebensstandards und die Reduzierung von Armut. Doch gleichzeitig birgt ungebremstes Wachstum auch Risiken und Nachteile für die Umwelt, die Gesellschaft und die langfristige Stabilität der Wirtschaft (Umweltbundesamt, 2023).

Eine der Hauptproblematiken liegt in der Art und Weise, wie das Wirtschaftswachstum erzielt wird. Oftmals basiert es auf einem hohen Verbrauch natürlicher Ressourcen, der Übernutzung von Ökosystemen und der Verschmutzung von Luft, Wasser und Boden. Dies führt zu Umweltschäden wie Klimawandel, Artensterben und Umweltverschmutzung, die langfristig die Lebensgrundlagen bedrohen und ökologische Grenzen überschreiten können (Umweltbundesamt, 2023).

Darüber hinaus können ungerechte Verteilungsmuster dazu führen, dass wirtschaftliches Wachstum nicht allen Bevölkerungsgruppen gleichermaßen zugutekommt. In vielen Fällen verstärkt sich dadurch soziale Ungleichheit, was zu sozialen Spannungen und Unzufriedenheit führt.

Die Herausforderung besteht daher darin, ein Wirtschaftswachstum zu fördern, das ökologisch nachhaltig, sozial gerecht und wirtschaftlich stabil ist. Dies erfordert eine Neuausrichtung der Wirtschafts- und Entwicklungsmodelle hin zu nachhaltigen Produktions- und Konsummustern, die die natürlichen Ressourcen schonen und die Lebensqualität für alle verbessern. Dies kann durch Investitionen in erneuerbare Energien, nachhaltige Infrastruktur, Kreislaufwirtschaft und soziale Programme erreicht werden.

Zudem ist eine umfassende Politikgestaltung erforderlich, die Anreize für nachhaltiges Wirtschaften schafft, umweltschädliche Subventionen abbaut und den Übergang zu einer kohlenstoffarmen Wirtschaft vorantreibt. Innovation und Technologie spielen dabei eine entscheidende Rolle, indem sie neue Lösungen und Geschäftsmodelle ermöglichen, die ökonomischen, sozialen und ökologischen Nutzen miteinander vereinen.

2.2. Ressourcenverbrauch und -effizienz

Die Herausforderung des Ressourcenverbrauchs ist ein zentrales Thema im Kontext der nachhaltigen Entwicklung. Die zunehmende Nachfrage nach natürlichen Ressourcen wie Wasser, Energie, Boden und Rohstoffen in Verbindung mit einer wachsenden Weltbevölkerung und einem steigenden Konsumniveau führt zu einer Überbeanspruchung und Erschöpfung dieser begrenzten Ressourcen (BMUV, 2015).

Ein wesentliches Problem liegt in der Art und Weise, wie Ressourcen genutzt und verbraucht werden. Oftmals erfolgt dies in einem linearen Modell, in dem Rohstoffe abgebaut, verarbeitet, konsumiert und anschließend als Abfall entsorgt werden. Dieser lineare Ansatz führt zu einer enormen Verschwendung von Ressourcen und einem hohen ökologischen Fußabdruck, der die Belastung für die Umwelt erhöht.

Um diese Herausforderung anzugehen, ist ein Paradigmenwechsel hin zu einer nachhaltigen und effizienten Ressourcennutzung erforderlich. Dies umfasst die Förderung von Ressourceneffizienz, Kreislaufwirtschaft und nachhaltigen Konsum- und Produktionsmustern. Ressourceneffizienz bezieht sich auf die Maximierung der Wertschöpfung pro Einheit verbrauchter Ressource, sei es durch effizientere Technologien, Prozesse oder Produkte

(Erhardt & Pastewski, 2010, S.3). Kreislaufwirtschaft zielt darauf ab, den Lebenszyklus von Produkten zu verlängern, Abfälle zu minimieren und Ressourcen zurückzugewinnen und wiederzuverwenden, anstatt sie zu entsorgen (Europäisches Parlament, 2023).

Zusätzlich ist eine verstärkte Sensibilisierung und Bildung der Bevölkerung über die Bedeutung nachhaltiger Ressourcennutzung erforderlich, um das Bewusstsein für den eigenen Konsum und dessen Auswirkungen auf die Umwelt zu schärfen.

Auf politischer Ebene sind regulatorische Maßnahmen und Anreize notwendig, um nachhaltige Praktiken zu fördern und umweltschädliche Subventionen abzubauen.

2.3. Klimaneutralität und Emissionsreduktion

Die Herausforderung der Klimaneutralität und der Emissionsreduktion ist eine der dringlichsten Aufgaben im Rahmen der nachhaltigen Entwicklung. Der Klimawandel ist eine der größten Bedrohungen für die Menschheit und hat bereits spürbare Auswirkungen auf das globale Klimasystem, die Ökosysteme und die menschlichen Gesellschaften.

Das Hauptproblem liegt in den Treibhausgasemissionen, die hauptsächlich durch menschliche Aktivitäten wie die Verbrennung fossiler Brennstoffe, die Landnutzungsänderung und die industrielle Produktion verursacht werden (WWF, 2024). Diese Emissionen erhöhen die Konzentration von Treibhausgasen in der Atmosphäre, was zu einem verstärkten Treibhauseffekt führt und somit die globale Erwärmung vorantreibt.

Um die Erderwärmung auf unter 2 Grad Celsius im Vergleich zum vorindustriellen Niveau zu begrenzen, wie es im Pariser Klimaabkommen vereinbart wurde, ist eine drastische Reduzierung der Treibhausgasemissionen erforderlich (Umweltbundesamt, 2024). Dies erfordert einen Übergang zu einer kohlenstoffarmen Wirtschaft und letztendlich zu einer Klimaneutralität, bei der die Nettoemissionen von Treibhausgasen auf null reduziert werden (Bundesregierung, 2022).

Die Umstellung auf erneuerbare Energien wie Sonnenenergie, Windenergie und Wasserkraft ist eine Schlüsselmaßnahme zur Reduzierung der Treibhausgasemissionen im Energiesektor (BfN, 2024). Darüber hinaus sind Maßnahmen zur Steigerung der Energieeffizienz, zur Förderung nachhaltiger Mobilität und zur Reduzierung von Emissionen in den Bereichen Industrie, Landwirtschaft und Gebäude erforderlich.

2.4. Sicherung von Arbeitsplätzen und Schaffen guter Arbeitsbedingungen

Die Herausforderung der Sicherung von Arbeitsplätzen steht im Kontext der nachhaltigen Entwicklung ebenfalls im Mittelpunkt, da sie sowohl ökonomische als auch soziale Dimensionen umfasst. Arbeitsplätze sind nicht nur eine wesentliche Quelle des Einkommens, sondern auch ein wichtiger Faktor für das individuelle Wohlbefinden, die soziale Stabilität und die gesellschaftliche Integration.

Eine der Hauptproblematiken besteht darin, dass sich die Arbeitswelt im Zuge des technologischen Fortschritts, der Globalisierung und des Strukturwandels in vielen Branchen und Regionen stark verändert. Traditionelle Arbeitsplätze in der Industrie und im primären Sektor gehen zurück, während neue Beschäftigungsmöglichkeiten im Dienstleistungssektor und in der Wissensökonomie entstehen (Schwahn, Mai & Braig, 2018, S.25). Diese Veränderungen können zu Arbeitsplatzverlusten, Umstrukturierungen und Unsicherheiten führen, insbesondere für Arbeitnehmer mit geringer Qualifikation oder in von Strukturwandel betroffenen Regionen.

Eine weitere Herausforderung besteht darin, dass viele Arbeitsplätze mit Umweltauswirkungen verbunden sind, sei es durch den Verbrauch natürlicher Ressourcen, die Emission von Schadstoffen oder die Belastung von Ökosystemen. Dies führt zu einem Spannungsfeld zwischen dem Bedarf, Arbeitsplätze zu sichern und zu schaffen, und der Notwendigkeit, die Umwelt zu schützen und zu erhalten.

Um dies anzugehen, sind eine Reihe von Maßnahmen erforderlich. Dies umfasst Investitionen in Bildung und lebenslanges Lernen, um die Beschäftigungsfähigkeit der Arbeitskräfte zu verbessern und sie auf die Anforderungen einer sich wandelnden Arbeitswelt vorzubereiten. Es bedeutet auch die Förderung von Innovation und Unternehmertum, um neue Beschäftigungsmöglichkeiten zu schaffen und die Wettbewerbsfähigkeit der Wirtschaft zu stärken.

Darüber hinaus sind soziale Sicherungssysteme von entscheidender Bedeutung, um den sozialen Schutz der Arbeitnehmerinnen und Arbeitnehmer zu gewährleisten und ihnen in Zeiten der Arbeitslosigkeit oder des Strukturwandels eine finanzielle Absicherung zu bieten. Die Herausforderung der Schaffung guter und menschenwürdiger Arbeitsbedingungen im Rahmen der nachhaltigen Entwicklung besteht darin, sicherzustellen, dass Arbeitnehmer faire Löhne erhalten, angemessene Arbeitszeiten haben, soziale Sicherheit genießen und vor Diskriminierung geschützt sind. Dies erfordert die Einhaltung internationaler Arbeitsstandards und die Förderung von Arbeitsrechten entlang der gesamten Lieferkette.

2.5. Förderung nachhaltiger Produktions- und Konsummuster

Die Förderung nachhaltiger Produktions- und Konsummuster ist eine zentrale Komponente der nachhaltigen Entwicklung und zielt darauf ab, die Art und Weise zu verändern, wie Güter hergestellt, konsumiert und entsorgt werden. Dies ist von entscheidender Bedeutung, um die ökologische Belastung zu verringern, die natürlichen Ressourcen zu schonen und soziale Gerechtigkeit zu fördern.

Ein zentrales Problem liegt in den derzeitigen Produktions- und Konsummustern, die oft auf einem linearen Modell basieren, bei dem Rohstoffe abgebaut, zu Produkten verarbeitet, konsumiert und am Ende ihres Lebenszyklus entsorgt werden. Dieses lineare Modell führt zu einer übermäßigen Nutzung natürlicher Ressourcen, einer hohen Verschwendung und einem großen ökologischen Fußabdruck, der die ökologischen Grenzen überschreitet und zu Umweltschäden führt (Bundesregierung, 2023).

Um nachhaltige Produktions- und Konsummuster zu fördern, sind verschiedene Ansätze erforderlich. Auf der Produktionsseite bedeutet dies eine Umstellung auf umweltfreundlichere Produktionsmethoden und Technologien, die den Ressourcenverbrauch minimieren, die Abfallproduktion reduzieren und den Einsatz von erneuerbaren Energien erhöhen. Die Förderung von Kreislaufwirtschaft und Ressourceneffizienz spielt dabei eine entscheidende Rolle, indem Abfälle minimiert und Ressourcen zurückgewonnen und wiederverwendet werden (Bundesregierung, 2023).

Auf der Verbraucherseite erfordert die Förderung nachhaltiger Konsummuster eine Änderung des individuellen Verhaltens und der Konsumgewohnheiten. Dies umfasst die Förderung von umweltfreundlichen Produkten und Dienstleistungen, die Förderung eines bewussten Konsums und die Reduzierung von Verschwendung (Bundesregierung, 2023). Bildung und Information spielen dabei eine wichtige Rolle, indem sie das Bewusstsein für die Auswirkungen des eigenen Konsums auf die Umwelt schärfen und Alternativen aufzeigen.

Politische Maßnahmen sind ebenfalls entscheidend, um nachhaltige Produktions- und Konsummuster zu fördern. Dazu gehören die Einführung von Umweltstandards und -richtlinien, die Förderung von umweltfreundlichen Technologien durch Anreize und Subventionen, die Regulierung schädlicher Substanzen und die Schaffung von Anreizen für umweltfreundliches Verhalten.

Die Förderung nachhaltiger Produktions- und Konsummuster erfordert eine umfassende und koordinierte Anstrengung auf allen Ebenen, von individuellen Verhaltensänderungen bis hin zu politischen Maßnahmen und internationaler Zusammenarbeit. Nur so kann eine nachhaltige und gerechte Zukunft geschaffen werden, die die Bedürfnisse der aktuellen Generationen erfüllt, ohne die Lebensgrundlagen zukünftiger Generationen zu gefährden.

2.6. Förderung von Innovation und Technologie

Die Förderung von Innovation und Technologie im Rahmen der nachhaltigen Entwicklung stellt eine zentrale Herausforderung dar, da sie entscheidend für die Bewältigung globaler ökologischer, sozialer und wirtschaftlicher Probleme ist. Innovation und Technologie spielen eine Schlüsselrolle bei der Entwicklung von Lösungen, die eine nachhaltige Entwicklung ermöglichen und dazu beitragen, ökologische Belastungen zu verringern, soziale Gerechtigkeit zu fördern und wirtschaftlichen Wohlstand zu schaffen (KAS, 2024).

Eine der Hauptproblematiken besteht darin, dass viele der derzeitigen Technologien und Produktionsmethoden nicht nachhaltig sind und zu Umweltverschmutzung, Ressourcenverschwendung und sozialen Ungleichheiten beitragen. Es besteht die Notwendigkeit, innovative Technologien zu entwickeln und zu implementieren, die ressourceneffizienter, umweltfreundlicher und sozial gerechter sind (KAS, 2024).

Im Bereich der Umwelttechnologien umfasst dies die Entwicklung und Implementierung von erneuerbaren Energien, energieeffizienten Technologien, Kreislaufwirtschaftssystemen und umweltfreundlichen Produktionsverfahren. Diese Technologien tragen dazu bei, den Verbrauch natürlicher Ressourcen zu minimieren, die Emission von Treibhausgasen zu reduzieren und Umweltschäden zu vermeiden oder zu verringern.

Wirtschaftliche Innovationen können dazu beitragen, nachhaltiges Wirtschaftswachstum zu fördern und Arbeitsplätze zu schaffen. Dies umfasst die Förderung von grünen Investitionen, die Entwicklung von nachhaltigen Geschäftsmodellen und die Unterstützung von kleinen und mittleren Unternehmen, um innovativ und nachhaltig zu wirtschaften.

Eine Herausforderung besteht jedoch darin, sicherzustellen, dass Innovation und Technologie für alle zugänglich sind und niemanden ausschließen. Dies erfordert eine gerechte Verteilung von Technologie und Wissen sowie die Förderung von Open-Source-Technologien und offenen Innovationsprozessen, die die Zusammenarbeit und den Wissensaustausch fördern.

Aufgabe 3: Konsequenzen der nachhaltigen Entwicklung am Beispiel Hugo Boss

Die nachhaltige Entwicklung ist zu einem zentralen Anliegen für Unternehmen geworden, da sie sich zunehmend mit den Herausforderungen und Erwartungen einer sich verändernden Welt konfrontiert sehen. Externe Anforderungen von Stakeholdern wie Kunden, Investoren und Regulierungsbehörden zwingen Unternehmen dazu, ihre Geschäftspraktiken zu überdenken und nachhaltige Lösungen zu implementieren. Darüber hinaus spielen Gesetze und Vorschriften eine wichtige Rolle bei der Gestaltung des Handelns von Unternehmen im Bereich der Nachhaltigkeit. Doch auch die eigene Unternehmensphilosophie und -kultur können maßgeblich dazu beitragen, wie diese ihre Verantwortung gegenüber Umwelt und Gesellschaft wahrnehmen.

Hugo Boss ist ein international renommiertes Modeunternehmen mit Sitz in Metzingen, Deutschland. Gegründet im Jahr 1924 von dem Namensgeber Hugo Ferdinand Boss, hat sich das Unternehmen seit seinen Anfängen zu einem führenden Akteur in der Modebranche entwickelt. Bekannt für seine hochwertige Herren- und Damenbekleidung, Accessoires und

Parfüms, vereint Hugo Boss zeitlose Eleganz mit modernem Design und innovativen Materialien. Das Unternehmen ist weltweit präsent und betreibt eigene Einzelhandelsgeschäfte sowie ein umfangreiches Netzwerk von Vertriebspartnern.

Hugo Boss steht vor der Herausforderung, ökologische, soziale und wirtschaftliche Aspekte in Einklang zu bringen, während es gleichzeitig seine Wettbewerbsfähigkeit und Rentabilität aufrechterhalten oder sogar steigern muss. Im unternehmenseigenen Nachhaltigkeitsbericht nimmt Hugo Boss dabei ebenfalls Bezug auf die 17 Hauptziele der Nachhaltigkeit der Agenda 2030, wie in den Aufgaben zuvor beschrieben. Folgend werden diese genauer ausgeführt (Hugo Boss, 2022, S.9ff.). Es werden dabei die komplexen Herausforderungen und Chancen deutlich, denen das Unternehmen gegenübersteht.

3.1. Ökologische Konsequenzen

Zunächst werden die Konsequenzen auf ökologischer Basis beleuchtet. Hierbei spielen sowohl die zunehmenden Anforderungen der Stakeholder in Puncto Nachhaltigkeit, als auch diverse Gesetze sowie die eigene ethische Unternehmensphilosophie eine Rolle. Folgend werden diese Faktoren und externen Anforderungen, mit welchen sich Hugo Boss im Rahmen der nachhaltigen Entwicklung auseinandersetzen muss, erklärt (Hugo Boss, 2022, S.9ff.).

Klimaschutz: Durch die Implementierung nachhaltiger Praktiken entlang der gesamten Lieferkette muss ein Unternehmen wie Hugo Boss seinen ökologischen Fußabdruck nach und nach weiter reduzieren. Dies wird durch die Reduzierung des Ressourcenverbrauchs, die Minimierung von Abfällen und Emissionen sowie den Einsatz umweltfreundlicher Materialien erreicht.

Schutz natürlicher Ressourcen: Ein zentraler Aspekt der nachhaltigen Entwicklung ist die effizientere Nutzung natürlicher Ressourcen wie Wasser, Energie und Rohstoffen. Dies trägt dazu bei, den Druck auf fragile Ökosysteme zu verringern und die Biodiversität zu erhalten.

Vermeidung von Umweltverschmutzung: Nachhaltige Praktiken erzielen den Effekt, die Umweltverschmutzung zu reduzieren, indem sie die Freisetzung von schädlichen Chemikalien und Emissionen minimieren. Dies führt zur Verbesserung der Luft- und Wasserqualität.

Förderung des Umweltbewusstseins: Die Umsetzung nachhaltiger Entwicklung ist entscheidend, um Mitarbeiter, Kunden und der Öffentlichkeit auf das Thema Nachhaltigkeit zu sensibilisieren. Ziel hierbei ist ein verantwortungsvollerer Umgang mit natürlichen Ressourcen und einer breiteren Akzeptanz von umweltfreundlichen Praktiken.

Langfristige Nachhaltigkeit: Die Umsetzung nachhaltiger Praktiken ist darüber hinaus wichtig, um die langfristige Nachhaltigkeit von Hugo Boss und seiner Lieferkette zu gewährleisten. Dies trägt dazu bei, die Zukunftsfähigkeit des Unternehmens und seiner Aktivitäten zu sichern.

Die Implementierung nachhaltiger Entwicklung bei Hugo Boss birgt sowohl ökologische Herausforderungen als auch Chancen. Durch die Umsetzung von umweltfreundlichen Praktiken wie der Reduzierung des Ressourcenverbrauchs, der Verwendung nachhaltiger Materialien und der Minimierung von Abfällen kann das Unternehmen seine negativen Umweltauswirkungen verringern. Dies trägt nicht nur zum Schutz der Umwelt bei, sondern bietet auch die Chance, die Marke Hugo Boss als Vorreiter in Sachen Umweltschutz zu positionieren und das eigene Unternehmensimage zu verbessern. Die Implementierung nachhaltiger Praktiken kann langfristig zu einer verbesserten Ökoeffizienz, einer gesteigerten Umweltverträglichkeit der Produkte und einem positiven Image führen. Darüber hinaus kann die nachhaltige Entwicklung das Vertrauen der Stakeholder stärken, da sie zeigt, dass das Unternehmen verantwortungsbewusst handelt und die Anliegen der Umwelt und der Gesellschaft ernst nimmt. Trotz der Herausforderungen, die mit der Umstellung auf nachhaltige Prozesse verbunden sind, bieten die ökologischen Konsequenzen der nachhaltigen Entwicklung bei Hugo Boss die Möglichkeit, einen entscheidenden Beitrag zum Erhalt der Umwelt zu leisten, das eigene Unternehmensimage zu verbessern und das Vertrauen der Stakeholder zu stärken.

3.2. Soziale Konsequenzen

Auch die sozialen Folgen des nachhaltigen Wandels basieren sowohl auf den Interessen der Stakeholder, wie etwa der Mitarbeiter, sowie auf der eigenen Unternehmensphilosophie.

Schaffen bestmöglicher Arbeitsbedingungen: Hugo Boss kann durch die Umsetzung nachhaltiger Praktiken entlang der Lieferkette die Arbeitsbedingungen für die Beschäftigten verbessern. Dies umfasst die Einhaltung von Arbeitsrechtsstandards, faire Löhne, sichere Arbeitsbedingungen und den Schutz vor Diskriminierung und Ausbeutung.
Förderung der sozialen Gerechtigkeit: Ein weiterer wichtiger Aspekt der nachhaltigen Entwicklung ist die Förderung sozialer Gerechtigkeit durch Schaffung einer Chancengleichheit für Arbeitnehmer in der Lieferkette. Dies hat im Besten Fall zur Folge, dass sich die Lebensbedingungen in den Gemeinschaften und Regionen verbessern, in denen Hugo Boss tätig ist.
Stärkung lokaler Gemeinschaften: Hugo Boss kann durch nachhaltige Entwicklungsprojekte und Initiativen die lokalen Gemeinschaften unterstützen, in denen das Unternehmen tätig ist. Dies kann durch die Förderung von Bildung, Gesundheitsversorgung, Infrastrukturprojekten und Beschäftigungsmöglichkeiten in den Produktionsregionen von Hugo Boss geschehen.

Respektieren der Menschenrechte: Eine weitere wichtige Aufgabe eines jeden Unternehmens ist es, die Menschenrechte entlang der Lieferkette zu respektieren und zu schützen. Dies beinhaltet die Ablehnung von Zwangsarbeit, Kinderarbeit, Diskriminierung sowie Verletzungen der Meinungsfreiheit.

Stärkung der Lieferantenbeziehungen: Hugo Boss kann durch die Einhaltung nachhaltiger Standards in der Lieferkette die Beziehungen zu seinen Lieferanten stärken. Dies führt bestenfalls zu einer partnerschaftlichen Zusammenarbeit und einem gegenseitigen Verständnis, das langfristige Geschäftsbeziehungen fördert. Somit werden auch bei Partnerunternehmen von Hugo Boss Arbeitsplätze gesichert.

Förderung von Vielfalt und Inklusion: Im Rahmen der nachhaltigen Entwicklung muss ein Unternehmen wie Hugo Boss die interne Vielfalt und Inklusion stärken. Dies kann beispielsweise durch Einstellung von Mitarbeitenden unterschiedlicher kultureller, ethnischer und sozialer Hintergründe sowie die Förderung von Gleichberechtigung und Diversität am Arbeitsplatz erfolgen.

Die Implementierung nachhaltiger Entwicklung bei Hugo Boss birgt sowohl soziale Herausforderungen als auch Chancen. Durch die Förderung von fairen Arbeitsbedingungen, die Einhaltung von Menschenrechten entlang der Lieferkette und die Stärkung der lokalen Gemeinschaften kann das Unternehmen seine sozialen Auswirkungen verbessern. Dies trägt nicht nur zum Wohlergehen der Mitarbeiter und der Gemeinschaften bei, sondern bietet auch die Chance, das Vertrauen der Stakeholder zu stärken und als verantwortungsbewusstes Unternehmen wahrgenommen zu werden. Die Implementierung sozialer Nachhaltigkeitspraktiken kann langfristig zu einer positiven Unternehmenskultur, einer höheren Mitarbeitermotivation und -bindung sowie einer verbesserten Reputation führen. Trotz der Herausforderungen, die mit der Umstellung auf nachhaltige soziale Praktiken verbunden sind, bieten die sozialen Konsequenzen der nachhaltigen Entwicklung bei Hugo Boss die Möglichkeit, einen positiven Beitrag zur Gesellschaft zu leisten, das Vertrauen der Stakeholder zu stärken und langfristige soziale Chancen zu nutzen.

3.3. Ökonomische Konsequenzen

Folgend werden mögliche ökonomische Konsequenzen der nachhaltigen Entwicklung erläutert.

Erhöhte Produktionskosten: Die Implementierung nachhaltiger Praktiken, wie beispielsweise die Verwendung umweltfreundlicherer Materialien oder die Einführung energieeffizienter Produktionsverfahren, kann zunächst zu höheren Produktionskosten führen.

Dies stellt eine Herausforderung dar, insbesondere wenn diese Kosten nicht direkt an die Kunden weitergegeben werden können, ohne die Wettbewerbsfähigkeit zu beeinträchtigen.

Kurzfristige finanzielle Belastungen: Investitionen in nachhaltige Technologien oder Infrastruktur können kurzfristig finanzielle Belastungen für das Unternehmen darstellen, da solche Investitionen nicht zwangsläufig unmittelbar zu spürbaren Einsparungen oder Umsatzsteigerungen führen. Dies erfordert ein sorgfältiges Management der finanziellen Ressourcen und eine langfristige Perspektive seitens des Unternehmens.

Marktpositionierung und Wettbewerbsfähigkeit: Die Umstellung auf nachhaltige Praktiken wird mit hoher Wahrscheinlichkeit Auswirkungen auf die Marktpositionierung und Wettbewerbsfähigkeit von Hugo Boss haben. Es besteht dabei erstens die Gefahr eines Interessenkonflikts, da die Kundschaft einer Marke im gehobenen Preissegment oftmals mehr Wert auf Qualität und Exklusivität legt, als auf Nachhaltigkeit. Es muss also darauf geachtet werden, dass das Unternehmensimage nicht zu stark verändert wird. Außerdem müssen die Artikel des Unternehmens, welche nachhaltiger produziert werden sollen, dennoch für die jeweilige Zielgruppe bezahlbar sein.

Herausforderungen in der Lieferkette: Die Einhaltung von Nachhaltigkeitsstandards entlang der gesamten Lieferkette kann eine Herausforderung darstellen, insbesondere wenn Lieferanten und Zulieferer nicht über die erforderlichen Ressourcen oder Kapazitäten verfügen, um diese Standards zu erfüllen. Dies kann zu Lieferengpässen, Qualitätsproblemen oder zusätzlichen Kosten führen.

Anpassung an sich ändernde Marktbedingungen: Die Nachfrage nach nachhaltigen Produkten und das Bewusstsein für Umwelt- und Sozialfragen ändern sich schnell. Hugo Boss muss daher in der Lage sein, sich flexibel an diese sich verändernden Marktbedingungen anzupassen und seine Geschäftsstrategie entsprechend anzupassen.

Die Umsetzung nachhaltiger Entwicklung bei Hugo Boss birgt sowohl ökonomische Herausforderungen als auch Chancen. Durch Investitionen in nachhaltige Technologien, Prozesse und Produkte können zunächst finanzielle Belastungen entstehen. Langfristig jedoch bieten sich Chancen wie Kosteneinsparungen durch Effizienzsteigerungen, Zugang zu neuen Märkten für nachhaltige Produkte und die Stärkung der Markenreputation. Externe Faktoren wie Kundenpräferenzen, Investorenanforderungen und Gesetze zur Nachhaltigkeit können ebenfalls die ökonomischen Rahmenbedingungen beeinflussen. Trotz der anfänglichen Herausforderungen bieten die ökonomischen Konsequenzen der nachhaltigen Entwicklung bei Hugo Boss die Möglichkeit, langfristige Rentabilität zu gewährleisten, Wettbewerbsvorteile zu erlangen und den langfristigen Unternehmenserfolg zu fördern.

3.4. Fazit

Die Implementierung nachhaltiger Entwicklung im Modeunternehmen Hugo Boss führt zu einer Vielzahl von Konsequenzen, die sich über soziale, ökologische und ökonomische Bereiche erstrecken. Auf sozialer Ebene können verbesserte Arbeitsbedingungen in der Lieferkette und die Förderung von sozialer Gerechtigkeit dazu beitragen, die Lebensbedingungen der Arbeiterinnen und Arbeiter zu verbessern und die lokale Gemeinschaft zu stärken. Zugleich können ökologische Maßnahmen wie die Reduzierung des ökologischen Fußabdrucks und die Vermeidung von Umweltverschmutzung dazu beitragen, die Natur zu schützen und den negativen Einfluss auf die Umwelt zu minimieren. Auf ökonomischer Ebene können langfristige Kosteneinsparungen durch Effizienzsteigerungen und der Zugang zu neuen Märkten durch nachhaltige Produkte dazu beitragen, die Wettbewerbsfähigkeit von Hugo Boss zu stärken und langfristige Rentabilität zu gewährleisten. Insgesamt verdeutlichen diese Konsequenzen die Bedeutung und den Nutzen einer ganzheitlichen und integrativen Umsetzung von Nachhaltigkeitsprinzipien in Unternehmen wie Hugo Boss, die nicht nur das Unternehmen selbst, sondern auch seine Interessengruppen und die Gesellschaft insgesamt positiv beeinflussen können.

Literaturverzeichnis

Bundesamt für Naturschutz. (2024). Erneuerbare Energien. Abgerufen am 22. 02 2024 von https://www.bfn.de/thema/erneuerbare-energien

Bundesministerium für Bildung und Forschung. (2020). Klimaschutz, Umwelt, Ressourceneffizienz und Rohstoffe. Abgerufen am 20. 02 2024 von https://www.horizont2020.de/einstieg-umwelt.htm

Bundesministerium für Umwelt, Naturschutz, nukleare Sicherheit und Verbraucherschutz. (2015). Ressourceneffizienz und Rohstoffe. Abgerufen am 19. 02 2024 von https://www.bmuv.de/themen/ressourcen/ueberblick-ressourcen/ressourceneffizienz-und-rohstoffe

Deutsche Bundesregierung. (2022). Generationenvertrag für das Klima. Abgerufen am 21. 02 2024 von https://www.bundesregierung.de/breg-de/schwerpunkte/klimaschutz/klimaschutzgesetz-2021-1913672

Deutsche Bundesregierung. (2023). Nachhaltig produzieren und konsumieren. Abgerufen am 21. 02 2024 von https://www.bundesregierung.de/breg-de/themen/nachhaltigkeitspolitik/produzieren-konsumieren-181666

Deutsche Bundesregierung. (2024). Die 17 globalen Nachhaltigkeitsziele verständlich erklärt. Abgerufen am 24. 02 2024 von https://www.bundesregierung.de/breg-de/themen/nachhaltigkeitspolitik/nachhaltigkeitsziele-erklaert-232174

Erhardt, R., & Pastewski, N. (2010). *Relevanz der Ressourceneffizienz für Unternehmen des produzierenden Gewerbes*. Stuttgart.

Europäisches Parlament. (2023). Kreislaufwirtschaft: Definition und Vorteile. Abgerufen am 23. 02 2024 von https://www.europarl.europa.eu/topics/de/article/20151201STO05603/kreislaufwirtschaft-definition-und-vorteile

Hugo Boss Group. (2022). Nachhaltigkeitsbericht 2022. Abgerufen am 25. 02 2024 von https://group.hugoboss.com/fileadmin/media/pdf/sustainability/sustainability_reports_DE/HUGO_BOSS_Nachhaltigkeitsbericht_2022.pdf

Konrad Adenauer Stiftung. (2024). Nachhaltigkeit braucht Innovation. Abgerufen am 23. 02 2024 von https://www.kas.de/de/web/schwerpunktthemen/innovation

Schwahn, F., Mai, C., & Braig, M. (2018). Arbeitsmarkt im Wandel - Wirtschaftsstrukturen, Erwerbsformen und Digitalisierung. *Statistisches Bundesamt*.

Statista. (2024). Anzahl der internationalen Migranten weltweit in den Jahren 1990 bis 2020. Abgerufen am 26. 02 2024 von https://de.statista.com/statistik/daten/studie/1260655/umfrage/anzahl-internationaler-migranten-weltweit/

Umweltbundesamt. (2023). Wirtschaft und Umwelt. Abgerufen am 26. 02 2024 von
    https://www.umweltbundesamt.de/themen/wirtschaft-konsum/wirtschaft-umwelt

Umweltbundesamt. (2024). Übereinkommen von Paris. Abgerufen am 24. 02 2024 von
    https://www.umweltbundesamt.de/themen/klima-energie/internationale-eu-
    klimapolitik/uebereinkommen-von-paris#ziele-des-ubereinkommens-von-paris-uvp

United Nations Population Fund. (2022). World Population Dashboard. Abgerufen am 26. 02
    2024 von https://www.unfpa.org/data/world-population-dashboard

WWF. (2024). Treibhauseffekt - Wie Treibhausgase unser Klima verändern. Abgerufen am 20.
    02 2024 von https://www.wwf.ch/de/unsere-ziele/treibhauseffekt-wie-treibhausgase-
    unser-klima-veraendern